ANCIENNES RÉFORMATIONS

DE LA NOBLESSE DE BRETAGNE

I0150262

RÉFORMATIONS

DE L'ÉVÊCHÉ DE DOL

EN 1513

Publiées par le P RENÉ, de Nantes

CAPUCIN

VANNES

IMPRIMERIE LAFOLYE

—

1894

Extrait de la Revue historique de l'Ouest

...RE DU MORBIHAN
... 1894
N°

119

ANCIENNES RÉFORMATIONS

DE LA NOBLESSE DE BRETAGNE

RÉFORMATIONS

DE L'ÉVÊCHÉ DE DOL

EN 1513

Publiées par le P RENÉ, de Nantes

CAPUCIN

VANNES

IMPRIMERIE LAFOLYE

—

1894

I° m
312.

PRÉFACE

Iʟ y a quelques années, je parcourais dans tous les sens notre chère Bretagne, en quête de documents manuscrits concernant l'ordre des Capucins. Non content d'interroger avec soin les Archives de nos départements et de nos communes, je voulus étendre mes recherches jusqu'à ces papiers de famille qui révèlent parfois de si curieux secrets, mais qui trop souvent aussi occupent la place *la plus élevée* comme la plus oubliée de la maison. C'est ainsi qu'au cours de ces voyages je découvris, un jour, au fond d'un obscur grenier, une énorme caisse, abandonnée depuis un siècle aux influences néfastes du temps et .. des souris. Je ne tardai pas à me convaincre qu'elle me ménageait quelques surprises. En effet, sous un monceau de titres et d'aveux de toutes sortes, j'aperçois bientôt, non sans quelque émotion, la couverture en lambeaux de plusieurs respectables registres, dont l'âge et la valeur ne pouvaient facilement m'échapper. Ils étaient au nombre de six, tous in-folios. mais dans quel état !...

Je n'en donnerai ici qu'une courte description. dans la crainte d'importuner le lecteur.

Les trois premiers composent un superbe nobiliaire breton. dont l'écriture, selon toute apparence, remonte à l'époque des dernières grandes Réformations. Seul, le premier est orné de blasons. L'ordre alphabétique a été fidèlement gardé dans ce beau travail. Malheureusement, quelques feuilles arrachées, sans doute par une main indiscrète, rendent ce nobiliaire incomplet et lui enlèvent quelque peu de sa valeur. Quoi qu'il en soit, ces trois gros in-folios contiennent de nombreuses généalogies, et peuvent fournir, à l'occasion, d'intéressants détails sur beaucoup de familles.

Un quatrième registre du même format, mais un peu postérieur aux précédents, renferme deux parties bien distinctes. La première a pour titre : *Extrait de ce qui s'est passé par devant Monsieur de Nointel pendant son intendance de Bretagne.* C'est comme la suite et le complément du nobiliaire. On y retrouve le même ordre, le même soin, le même intérêt. La seconde, plus considérable et non moins précieuse, est intitulée : *Recueil des armoiries de Bretagne et autres.* Ici, il n'est plus question de généalogies, c'est une longue série de noms accompagnés seulement des armes de la famille. Ce qui donne un intérêt plus grand à cette partie, c'est la présence d'un certain nombre de familles, aujourd'hui éteintes, et que l'on chercherait peut-être en vain dans la plupart des ouvrages de ce genre.

Mais passons aux deux re......... les *Réformations.* Assurément, ce sont les plus précieux de notre collection.

Le format est à peu près le même, mais l'écriture est bien différente. Ici encore, je dois déplorer l'absence d'un certain nombre de feuilles. Les *Réformations des évêchés de Saint-Malo et de Dol* sont les seules complètes dans le premier volume; celles des évêchés de Rennes, de Vannes et de Nantes ont été plus ou moins mutilées. Il n'en est pas ainsi du second registre qui contient intégralement en 682 pages les évêchés de Saint-Brieuc, Tréguier, Quimper et Léon. Il est écrit de la même main, et il me paraît antérieur au premier.

Quant à donner à chacun d'eux une date précise de naissance, je m'y refuse : elle n'existe nulle part. Malgré toutes mes recherches, il m'a été impossible de découvrir le moindre indice qui pût me permettre d'assigner à ces manuscrits un âge quelconque, non plus qu'un nom à leurs anciens possesseurs. Cependant, plusieurs de mes amis, bien

plus compétents que moi en cette matière, les font remonter
à la fin du XVIᵉ et au commencement du XVIIᵉ siècle. C'est,
mesemble-t-il, l'opinion la plus probable.

J'ai donc pensé que les lecteurs de la *Revue historique de
l'Ouest* accueilleraient avec bienveillance le texte encore
inédit des *Réformations de la noblesse de l'évêché de Dol, en
l'année 1513*. Tous ceux qui s'intéressent aujourd'hui à cette
partie reculée de notre histoire reconnaîtront, je l'espère,
l'opportunité de ce travail, et souhaiteront avec moi qu'une
plume assez courageuse entreprenne un jour la publication
intégrale des *Anciennes Réformations de la Noblesse bretonne*.

P. RENÉ DE NANTES,
Capucin.

RÉFORMATION DE L'ÉVESCHÉ DE DOL

DE L'AN 1513

LANGAN.

Raport faict par Perrin Geffroy, Raoullet Le Métaier et Jean Paoul, choisis et élus de la paroisse de Langan, touchant les exempts de foages en laditte paroisse de l'an 1513, tiré d'un livre couvert de bazane cotté

1429.

Nobles.

Jean Brunet, sieur de la Piesse de la Touche-Raoul, du Breil et des Sanboays, et noble damoiselle Marie Baud, sa compaigne.

Noble dame Louise de Bintin, dame dudit lieu.

Guillaume Ginguené, sr de la Meriaillaye.

Pierre Chevalier, sr du Portal.

Robert Ginguené, sr de la Fontaine.

Noble damoiselle Jeanne Aubault, dame de la Chauneraye, tutrice de Pierre Ginguené, son fils et de deffunct Robert Ginguené, son mary.

Jehan Ginguené, sr de la Chevaleraye.

Guillaume Guesille.

Dom Jehan de Sainct-Pern.

Allain du Breil et ses enfants.

Pierre de Champaigné.

SAINCT-MÉLAINE DU BOAYS. — *Néant.*

SAINT-TUAL.

Pierre Tual, sergent général et d'armes.

SAINCT-JUDOCE.

Raport faict par Thomas le Seneschal, Thomas Paigné et Jehan Gleroaye, élus et choisis de laditte paroisse, touchant les exempts.

Nobles.

Antoine Levesque, sieur de Pontharouart.
Gilles du Fournel, Louys du Fournel.
Jean le Charpentier, Morice Troussier.
Florent Briand.
Julien Bily } se disant nobles.
Raoul Bily }
Damoiselle Catherine de Lhopital.
Bonabes de Lesquen, sieur de la Sansonnaye.
ᵃ Louys de Guanguan, sʳ de Quénart.
Thomas du Breil.

SAINCT-ANDRÉ DES EAUX.

Raport des Exempts de la susditte paroisse faict par Jean Capin, Jean Pouéré et Jean de la Porte, élus et choisis.

Noble.

Charles de Beaumancir.

SAINCT-CARNÉ.

Raport des Exempts de laditte paroisse faict par Pierre Gicquel Olivier Raoult et Michel Durand, élus.

Nobles.

Messire Bertrand de Quédillac.
Simon Ferron.
Charles du Breil.

BOURBYTAL (Bobital).

Raport des Exempts de la paroisse de Bourbytal faict par Jean le Saingona, Guil. Bardoul et Julien Le Forestier, élus.

ᵃ Ou Louys de Guanguan Ogée emploie les deux orthographes.

Nobles.

Guillaume, seigneur de Vaucouleur
Gilles du Margaro, sieur de Boylerault.

LE HINGUE.

Raport des Exempts de la susditte paroisse faict par Olivier Gicquel et Jean Bonfils, élux.

Nobles.

Damoiselle Raoulliette Ruffier, dame de la Perronnaye.
Jean Dibart, sieur de la Pirie.
Olivier du Rocher.

SAINCT-URIELLE.

Raport des Exempts de laditte paroisse faict par Jean Henry, Olivier le Collinet et Jaquet Chenu, élus.

Nobles.

François Millon, sieur de la Plesse, fils de Jean.

SAINCT-MERVON. — *Néant.*

TRESSÉ.

Raport des Exempts de laditte paroisse faict par Pierre Tonnel, Jan Sohier et Jehan Rémond, élus.

Nobles.

Jehan Ferron, Gilles Ferron, fils aisné d'Eustache.
Jehan de la Feillaye. Guillaume de Chasteaubriant et Guionne Le Porc sa femme. François de Coesquen.

SAINCT-UGNYAC (Saint-Uniac).

Raport des Exempts de laditte paroisse faict par Thomas Douisnel, Pierre Gernigon et Silvestre Douisnel, élus.

Nobles.

Mᵉ Alain Coialu, fils de feu Pierre Coialu, sʳ du Plessix.
Bertran du Breill, sieur du Breill.

Damoiselle Jeanne Coialu, dame de la Tousche.
Raoul de la Houssaye, sieur de la Rouveraye.
Robert de Quenestain, sieur de Sepburant (pour *Seburon*).
Michelle le Genouillen.
Ollivier Rairard, sieur du Couldray.
Alain Calouel, sieur de la Villedurend (*Ville-Durand*).
Jean de la Morinaye, sieur de la Villesoriel (*Ville-Sorien*).
Robert de la Cornillière ⎫
Jeanne   Le   Bouteiller ⎭ *se disent nobles.*

SAINCT-LAUNEUC.

Raport des Exempts de laditte paroisse faict par Jehan Puisart et Jean Malapest, élus.

Nobles.

Jeanne Sauvaget, veuve de feu Jean Guillaume.
Catherine de Lambilly.

LA CHAPELLE SAINCT-SAMSON.

Raport des Exempts de laditte paroisse faict par Alain Davy, Robert Richard et Jean Rouauld, élus.

Nobles.

Noble écuier Christophle de Trémereuc, chevalier, seigneur du Pontbriand.
Messire Charles Hingant, chevalier, sieur de Hac.
Guillaume Martin et Perrine Simon sa femme.
Robert Hingant.
Robert du Boays et Catherine de Beaumont sa femme.
Jean Simon et Raoullette Gastine sa femme se disant nobles.
Olivier de la Provosté, seigneur de Coutance.
Jean du Barry, seigneur de la Renauldye et du Bouays-Ruffier.

TREBÉDAN.

Raport des Exempts de laditte paroisse faict par Robin, chevalier, Jean Loget et Olivier Robert, élus.

Nobles.

Jean Le Felle[1], seigneur de Lescoublière.
Jean Lambert, seigneur de la Hautte-Ville.
Vincent Bouan, seigneur du Challonge, fils de Jean.
François du Challonge, sieur du Challonge.
Jeanne Jouhan, veuve de feu Renaud Pont.
Marie Pont.
Guillaume Le Lepvroux[2], seigneur du Bois-Passemalet.
Guyon Nouel, duquel Jacques Roland, seigneur du Noday était curateur.

LANGUENAN.

Raport des Exempts de laditte paroisse faict par Pierre Amiot, Thomas Raoul et Jean Maugier, élus.

Nobles.

Olivier de Broon, sieur dudit lieu.
François de la Moussaye, sieur dudit lieu.
Olivier Alain qui dit être noble homme.
Collas L'Abbé, de la paroisse de Corseul.

LA LANDEC. — *Néant.*

ANQUALLEUC. — *Néant.*

LANVALLAY.

Raport des Exempts de laditte paroisse faict par Hamon Aubry, Jean Daoneyt, Julien Sanson, Jehan Chommet, Guillaume Boudin et Alain Rozé.

Nobles.

Jean de Monterfil, représentant Raoul de Monterfil.
Bonabes de Lesen, représentant Gilles de Lesen.
Françoyse de Lesen.
Jean Le Chauff, représentant Guillaume de Taillefer.

TRESSAINT. — *Néant.*

[1] Ogée écrit *Le Selle*, mais notre mss. donne exactement *Le Felle*.
[2] Et non Guill. *Le Pureux*, comme l'écrit Ogée.

SAINCT-SOLAIN.

Raport des Exempts de laditte paroisse faict par Le Breton et Pierre Hanoys.

Noble.

Guillaume de Brefeillac.

PLEUDIHEN.

Raport des Exempts de laditte paroisse faict par Collin de la Tousche, Philippes Plantesenne et Robin Ronnet.

Nobles.

Jean des Guez qui se dit noble.

Perrine de Launay, fille de Philippes de Launay, veuve de noble homme Allain Paindanaine.

Robert de la Salle, écuier, sieur de la Tousche.

Jacques de Cramou. l'aisné. écuier. sieur de la Motte.

Briend de la Feillée, écuier. sieur de la Ville-Gicquel.

René de Sainct-Melene, sieur de Sainct-Melene.

François de la Houssaye et Jeanne de Québriac sa femme.

Raoul du Breill, écuier, sieur de Gouillon.

Thomas Rochetort, écuier.

Dame Françoise du Chastel, dame de la Bellière.

Jeanne Goyon, damoiselle.

Guillaume Le Jeune, écuier, sieur du Gué.

Gilles du Bouay-Riou, écuier, sieur de la Motte-Pillaudel.

Michel Piedevache.

Jean Piedevache.

Jean de la Bouexière.

Guillemette Rouxel, se dit noble.

Jean de la Roche.

Roland du Bouays, sieur de Couesbouc.

Alain Ory et Jeanne Gourdel, sa compagne.

François Le Forestier et Allain Le Forestier.

Me Guillaume du Nal. prestre noble.

Jacques Terquays et Catherine Tyzon, sa femme, femme en premières nopces de feu Guillaume Le Prevost.

Henryette Le Prevost, noble dame des Murs.

Raoul Tyzon et Marguerite de la Feillée sa compagne.

Gilles Ravaud.

Mathieu des Murs, sieur de Saintes-Agathe

François de La Barre, sieur du Coulombier

Noble damoiselle Marguerite de la Motte et Raoul l'Abbé son fils.

Jacques de Cramou le jeune

Guillaume Hercouet.

Macé de Rochefort, noble et gouverneur

Jean de la Bouexière.

Jean Paindavaine

François de la Barre, seigneur de Boylerault.

Jean Laignelle.

MINIAC

Raport des exempts de la ditte paroisse fait par Gilles Le Nou.
et Jean Belour élus

Nobles.

Gilles du Chastellier, vicomte de Pommery.

Jean Quenoart, fils de Thomas.

Thomas de Hirel, représentant Olivier de Hirel.

Jean Guiheneuc, représentant Jean Guiheneuc.

Raoul Ferron, fils de Michel Ferron et de Jaqueminne Le Prévost
femme dudit Raoul.

Raoul de Québriac, sieur de la Hirelaye, représentant Raoul
Rohier et Olivier du Breil, autrefois seneschal de Rennes.

Jehan Bertrand au droit de Guillemette de Québriac sa mère.

François de la Houssaye et Jeanne de Québriac sa femme, représentants Gilles de Québriac, sieur de la Tousche-Québriac.

Jehan de la Monneraye, se disant noble.

Thomas des Porte.

Raoul du Breil, sieur Goullon.

Olivier Josses qui se dit noble, et damoiselle Marie de Hirel, sa
femme.

Bertranne Toullac, qui se dit noble.

Raoullet Boulleue, qui se dit noble et n'a aucun titre de noblesse
sinon qu'il se dit du lignage d'un nommé Saudraye.

Eustache Rouxel, qui se dit noble, et n'a aucun titre de noblesse,
sinon que Bertrand Rouxel son père fut sergent du duc.

Jean Taillandier se dit sergent d'armes et partant ne veut rien payer.

Gilles Le Clerc, qui se dit noble, par autant qu'il dit que son père était bastard de Charles de Cahideuc.

Raoul Levesque qui se dit noble.

Arthur de Sainct-Gilles de Plainne-Fougieres.

SAINCT-HELEN

Raport des exempts de la susditte paroisse fait par Jean Nodavy, Olivier Begar et Olivier Jourdain élus.

Nobles.

Noble et puissante damoiselle Hard...enne le Surzères, dame de Coetquen, curatrice de François de Coetquen son fils, et de feu Jean de Coetquen.

Noble homme Guillaume de Fauteret, sieur du Plesseix.

Guillaume Le Bigot, fils de messire Guillaume Le Bigot, sieur de la Ville-Bougaut.

Jean Cadiou, sieur de la Folletière.

Jacques Cadiou.

Olivier Cadiou.

Noble damoiselle Henrye Le Prevost, dame des Murs[1], fille de Guillaume Le Prevost.

Jehan Hux et Jeanne Galliot sa femme.

Gilles Pepin, sieur du Pont-Ricoul.

Pierre Rehault et noble damoiselle Valance du Chesne, sa mère.

Raoullet Rehault.

Nicolas Riou et Gillette Baron sa femme.

Margueritte Bertrand et Julien Blanchart son fils.

Jean de Rougé, sieur de la Fallaize, fils de Guillaume de Rougé.

Raoullette Bondon.

Jean Rouxel, sieur des Vallées.

Vincent Hougaz, fils de Guillaume Hougaz.

Charles Grinuel le Jeune, sieur de la Thieullaye.

Charles Grinuel l'aisné, fils de Thomas Grinuel.

Ogée écrit *Murs-Fille*, sans doute pour dame des Murs, fille de Guill., etc.

Sevestre Rougeul, fils de Jean Rougeul et de Allenette Ferron, ses père et mère.

Olivier Vivien et Charlotte Flaud sa femme.

Guillaume Grignart, fils de Jean Grignart.

SAINCT-GUYNOU (Saint—Guinoux).

Raport des exempts de la ditte paroisse fait par Guillaume Bouesnel Thomas Bouesnel, Allain Bouesnel, et Jean Turpin élus.

Nobles.

Jean Le Bouteillier, écuier, sieur de Maupertuis.

Allain Chohan, sieur de la Ville Aubel.

François Torillac.

Jean Quelleneuc, sieur de Kériolys.

Pierre de la Motte, sieur dudit lieu et de la Landelle.

Jacques de Beaumont.

Raoullet Renaud.

Jean Bouays, sieur du Buot.

Briand de Tréal, sieur de la Ventière.

Jean du Bandan et Guillemette de Beauboys sa femme.

Henry le Taillandier et Margueritte Goussart sa femme.

François Toullac et Marie Boulleuc sa femme.

Jean du Quéleneuc, sieur du Pré.

SAINT-COULON (Saint-Coulomb)

Raport des exempts de la ditte paroisse fait par Pierre Aubaut, Pierre Mancel et Jean Rouxel élus.

Nobles.

Guillaume de Chasteaubriand, sieur de Beaufort et du Plexis-Bertrand.

Jean Bouays, sieur dudit lieu.

Christophe Cartier, sieur dudit lieu et de la Hindre.

Guillaume des Cognets.

Jean Le Chauff, sieur de la Motte-Chauff et de la Ville-Brehault.

Henry Huguet et damoiselle Jeanne Ferchaut, sa mère, sieur de la Ville-Galbrun.

Jean de Monterfil et Margueritte Malleterre, sa femme, sieur du Vieux-Chastel.

Geffroy du Hindre, sieur de la Motte Jehan.

Bertrand Ferchaut.

Guillaume Rogier, sieur dudit lieu et de la Trinité.

Damoiselle Philippes Bardoul.

Jeanne May, damoiselle, fille de Jehan May et femme de Raoullet Darcel, bourgeois de Dinan.

Roland le Tessiez, garde de Margueritte le Tessiez, sa fille.

Jacques Flambart, sieur de la Fosse Hingant.

Paul Flambart, jouveigneur.

Damoiselle Perrine Flambart.

Damoiselle Françoise Flambart.

Noble homme Guillaume Taillefer.

Brient Cartier.

Dom Jean de la Mottelière, sieur de Sainct-Thomas.

Guillaume Eon.

SAINCT-YDEUL.

Raport des exempts de laditte paroisse fait par Thomas Le Mesle, Colas Banneville, Jean Bruslé et Jean Bodon élus. — Néant.

PLÉGUEN (Saint-Pierre de Plesguen).

Raport des exempts de laditte paroisse fait par Jean Couvel, Jeannot Ganneraye et Pierre du Boys élus.

Nobles.

Roland du Rouvré, sieur dudit lieu.

Jean de Bintin, sieur de Bazoges.

Vénérable et discrette personne Me Morice de Champagné.

Roland Geffroy, sieur de la Sauvagère.

Arthur Barbe, sieur de la Gehardière.

Guillaume Geslin, sieur de la Fresnaye.

Jean Massuel, sieur des Chappelles.

Jean de Cleux, sieur du Gage.

Geffroy Corbon, sieur dudit lieu.

Gilles Pepin, sieur dudit lieu.

Charles de Mars.

Jean Grignard, sieur dudit lieu.

Jacques Samois,
Jacques Cadiou.
Jacques Lelon.
Pierre Bertran

PLOEGUENEUF (Pleuguencuc)

Raport des exempts de ladite paroisse fait par Jean Robert, Robin Josse et Hamon Quebriac

Nobles

François de la Barre, seigneur de la Coulombiere, fils de Simon
Jean de Bintin, sieur de Razoges.
Jean Ruffier, seigneur du Leix.
Charles Gruel, sieur de la Motte-Gruel, et neveu d'Arter Gruel.
Guyon de Couaislogon et dame Helenne Bonenfant, sa compagne.
Guillaume Bachelier, sieur des Perrons
François Raeton, seigneur du Gage, fils de Morice Raeton.
Jean de la Fontenne, le Jeune, seigneur de Parquer.
Jean de la Fontenne, sieur de Lomosne.
Yvon Chouffe, sieur de la Motte de Linquon, fils de Georges Chouffe.
Pierre Boterel, sieur d'Apigné* et du Guyagan.
Guillaume Geslin, sieur du Champ-Greu et de la Frenaye.
Guionne de Lorgeril, dame dudit lieu et du Bodon.

PLESDER

Raport des exempts de ladite paroisse fait par Thomas Cornouaille, Jean Heuzé, Jamet Gouaul et Jean Lormelle

Nobles

Guillaume Blanchart.
Guillaume du Plessix
Bertran du Quesner
Jehan Guyton
Jean Ruffier, sieur du Cobaz.
Olivier Cadiou et Jeanne Rouxel sa femme.

* Ogée écrit faussement *Papigné.*

LE LOUP (Le Lou-du-Lac

Raport des exempts de ladite paroisse fait par Guillaume Crussart, Jean Gedouin et Guillaume Aubry élus

Nobles.

Artur de la Lande et Jeanne de Niel, sa femme, représentants en de Niel

Arthur de la Chèse et Michelle de Niel sa femme, représentants en de Niel

Pierre Joubin représentant Olivier de la Motte, sieur de la Cheverie, père de sa femme, lequel de la Motte représentoit Raoullet Jocelin et Bertran Jocelin.

GESMYEUX

Raport des exempts de la ditte paroisse, fait par Jean Burnel, Denys Trotin et Guillaume Gloro, élus.

Nobles

Jean Poullain, écuier seigneur de la Ville-Salmon, fils feu messire Guillaume, chevalier.

Jean de Lesquen

Olivier de Lescouet.

Guillaume de la Motte écuier seigneur de Kergrouet, fils de Pierre

SAINCT-MELOIR

Raport des exempts de la ditte paroisse fait par Jean Grouesse, Yvon Menyez et Pernez Michel élus

Nobles.

Olivier Hus, seigneur de Saint-Sauson.

Raoul Le Begassoux, jouveigneur du Bois-Roland

M. Louys du Fournet, sieur de la Villeras

M. Francoys Le Febvre, sieur de la Porte

LANNOAYS. (La Nouais).

Raport des exempts de la susditte paroisse fait par Guillaume Foullange, Jean Macé et Olivier Pannes, élus

Nobles.

Jean Bertrand, sieur de Lannoas.

Julien de Parthenay, tuteur de ses enfants, sieur du Tertre.

YLLIFAU.

Raport des exempts de laditte paroisse fait par Robert Berthier, Bertran Gautier, et Guillaume Chartier, élus.

Nobles.

Pierre d'Yllifau.

Olivier de Gournedan (Grenedan).

Jeanne Le Prevost.

Geffroy de Pont-Coleuc.

François Troussier, sieur de la Gabetière.

Jean de Quéreic.

Olivier Moessan.

Eustache de la Fretaye, fils André.

Me Pierre du Bouyer

Briand Hamelin.

Amaury Le Roux.

André de la Fretaye, sieur de Ville-Geffré.

Jean de Miniac et Jeanne Mourand sa mère, veuve de Jean de Miniac.

Jean de Miniac, sieur de Ville-Tual.

Eustache de Miniac.

Dom Jan de Miniac, fils de feu Jean de Miniac et de Marguerite de Garnedan, (Grenedan) leur père et mère.

Jean Hamelin et Charlotte de la Bouexière sa mère.

Jean Moessan.

Marguerite Morand, veuve de Jan du Cran.

BONNABAN.

Raport des exempts de laditte paroisse fait par Jamet Le Belourd et Briand Malherbe, élus.

Nobles

Jean Bunel, sieur de Launay, fils de Jean Bunel et d'Olive de Broon, ses père et mère

Jean Le Bouteiller, sieur de Maupertys, fils de feu messire Jean Le Bouteiller et Marguerite Duse, sa compagne, père et mère dudit Jean.

Jean Levesque et Berthelinne de Saint-Père, sa femme, sieur et dame de Saint

Jean Levesque

Jean de la Cornillière, sieur de la Villemengaus

MEILLAC.

Raport des exempts de ladite paroisse fait par Guillaume Le Prestre, Jean Harbé et Pierre Joche.

Nobles.

Guillaume de Senéquat.

Bertranne Le Boulangier.

Raoul Ferron.

Raoullet de la Bouexière

Philippe de la Bouexière

Louys Angier

Laurence Le Boulangier.

Jean de Lanvallay

Guillaume Pepin, fils de Jean

Laurence l'Abbé

ROSLANDRIEUC

Raport des exempts de ladite paroisse fait par Roland Pelerin, Jean Houytte, Robert Roupié et Collas Rouxel, élus

Nobles.

Louys de Quengué et Clémence de Partenay sa femme, sieur de la Chesnaye.

Jean de Cleux, sieur du Gage

Pierre Guyté, sieur de la Maugatelaye

Messire Amaury de la Moussaye

Me Geffroy de Hintin, chanoine de Dol

François Mazuel, sieur de Mortryen.

Gilles du Cobaz, sieur du Petit Mortryen.

Jean de Trémigen, sieur de La Rochelle

Georget Louvet, sieur de la Guyhomaraye

Olivier du Vauclerc, sieur des Salles.

Jehan du Hau, sieur du Han et de la Metrie

Guill du Vauclerc, sieur de Lislet.

Jean Le Bouteiller, sieur des Rochers

Etienne de la Montellière, sieur des Salles.

Messire Gilles Ferre, sieur de la Noble-Julienne

Eustache Rouxel, sieur de la Hautte-Folie.

Guill. Le Bouteillier, sieur de l'Isle-Potier

Artur Gruel, sieur de la Hacboutier.

Michelle Hautabis, dame de la Guyhomaraye.

Bertran de Lorme et dame Benard, sa femme, sieur de la Cornigère

Jean de Partenay, sieur de la Chesnaye et de la Cour-de-Ros.

PLERGUER

Raport des exempts de la ditte paroisse fait par Robin Mahé, Gilles Even, Jean Martel et Geffroy Quéron.

Nobles.

Jean Costard, lequel se dit sergent général et d'armes et pour ce dit exempt.

Gilles de Cherruyers, sieur de la Jugandière, fils de Jean de Cherruyers.

Julienne de la Chapelle, représentant Gilles de la Chapelle pour la métairie du Tertrepin, la ditte Julienne fille Pierre de la Chappelle

Jean Cadiou, fils de Roland Cadiou, sieur de la Hirebechave.

Amaury de la Moussaye au droit de Jeanne de Plenguen, sa mère.

Geffroy de Hindre, représentant Jean de Hindre son père, sieur des Rochers.

Olivier de Pélineuc et Guionne de Reix, sa femme.

Guill de Vauclerc, fils de Christophe du Vauclerc.

Michau Le Quen et Jaquette Salliou sa compagne, héritiers de Thébaud Salliou son frère, fille de Geffroy Salliou

Gilles de Chasteaubriant.

Guillaume Bouthier et Jeanne du Rouvre sa femme.

Allain Le Saige et Gillette Le Lalcher sa compagne.

Raoul de la Montellère, sieur de la Ville-Gourou, héritier de Huguet de Larchaz.

Jean de Lanvallay, sieur de Lessart.

Olivier Le Chevriez, fils de Jean Le Chevriez, sieur de Saint-Gluen.

Guillaume Salliou, sieur de la Ville-Morin.

Jeanne Hagomar, veuve de Jehan Gueheneuc, tutrice de Jean Gueheneuc son fils, dame du Grand Lentricher.

Julien de la Crouez se disant noble, sieur des Cornées

Jacques Cadiou.

Georges Salliou.

L'ISLE-MER (Lille-Mer)

Raport des exempts de ladite paroisse fait par Guillaume Collet, Guillaume Le Marchant et Jamet Plainfosse, élus.

Nobles.

Jean Saillart qui se dit être noble.

Jean Cadiou et Françoise de Launay sa compagne, sieur de la Malletasse.

Guillaume Le Bouteiller, jouveigneur de la maison de la Chesnaye en Roslandrieuc.

Michel Le Bouteiller.

Etienne Le Fils-Hus, sieur de la Fresnaye, lequel dit être noble.

LA FRESNAYE

Raport des exempts de la dite paroisse fait par Jamet Neros, Jehan La Crouz et Gilles Bedou :

Nobles.

Macé Rahier.	Philippe Le Prilleux, représentant Oilviet Le Prilleux.
Michel Rahier.	Olivier Le Diable, et Jeanne Georgette sa femme.

Amaury de Mauvoisin.	Etienne de Changé et Olive de la Bouexiere sa femme.
Jehan de la Motte	Geoffroy Corbon et Jeanne du Parc sa femme.
Michel de Cherrueix	Roland et Bertrand de Cherrueix.
Philippe de la Motte.	Bertrand de la Haye et Jeanne Saliou sa femme.

Bertrand de Champagné, sieur du Boessay et de la Fresnaye.

M⁹ Guillaume du Mal, doyen de Pondoulvre, représentant Robert Guyon.

Guillemette Paillevé damoiselle, mariée à Henry Main, homme roturier.

Jeanne Le Diable, damoiselle, veuve de Jehan Ybert

Henriette Rahier, damoiselle, fille de Thomasse Jupin

VILLE DE BIDON (Vildé-Didon). — Néant

VILLE DE LA MARINNE (Vildé-Marine). — Néant.

HIREL.

Raport des exempts de la ditte paroisse fait par Jehan Garnier, Robin Fournel et Etienne Breteau, élus :

Nobles.

Perceval Le Gallays, frère de Jehan Le Gallays, s' du Fedeul.

Eustache de Vauclerc, s' de la Ville-Marie.

François de la Barre, s' de la Bruère.

Jean du Han, s' des Tourailles.

Christophle Le Bigot, s° de la Motte.

LE VIVIER DU HIREL.

Raport des exempts de la ditte paroisse fait par Jean Chairmeyre, Jehan Le Teiller et Guillaume Simon, élus :

Nobles.

Jean de Taillefer et Jeanne Trouillon sa femme, s' et dame du Pont.

CHERRUEIX.

Raport des exempts de la ditte paroisse fait par ......

Nobles.

Bertrand Budes, sieur de Paramberdière.

Jeanne Prod'homme, damoiselle, représentant Pierre Prod'homme, mariée à Guillaume Le Sage, homme de bas état.

François du Han, sieur de la Pichardière, représentant Marguerite Le Petit, damoiselle, mère de Gilles du Han, père dudit François.

Simon de Bonnefontaine et Perrine du Breil sa femme.

Philippes Eon, damoiselle, dame de la maison de la Fontaine.

François de la Barre, sieur de la Saile.

Jehan Eon, fils de Geffroy Eon, sieur de la Rouauldaye.

Gilles de Porcon, sieur de Lessay et des Carrées

Roland de Cherrueix, sieur du Laumosne.

Guillemette Le Gallays, fille de Jean Le Gallays, s' du Fedeuc, dame du Vaujoyeux.

Etienne Boutier, sieur de la Rivière.

Gilles Renaud, fils de Nicolas, s' de la Baziglié.

Olivier Eon, jouveigneur de la Rouauldaye.

Jean Le Voyez, homme noble et qui va journellement à la charrue.

Jean de Vaujoyeux, s' de la Ville-Guillaume.

Gilles de Cherrueix, sieur de la Jugandière.

Olivier Le Fils Hus.

Guillaume Gallays, s' de Chantelou et de Montdol.

LENHELEN

Raport des exempts de la ditte paroisse fait par Jamet Gey, Pierre Trémaudan, Jean Costard et Jean Fréhart, élus :

Nobles.

Jean Ruffier, s' du Cobaz.

Jacques Hingant, s' de la Tremblaye.

Gilles Hingant, s' du Treff.

L'ABBAYE PRES DOL. — Néant.

NOTRE-DAME DE DOL

Raport des exempts de la ditte paroisse fait par Pierre Rondel, Michel Gouault, Yvon L'Abbé et Jamet Le Boucher :

Nobles.

Guillaume Garrel, sieur de Lergay.

Eustache Rouexel, avocat, sieur de Beauvays (ou Beaunays).

Guillaume Le Gallays, sieur de Chantelou et de Lourmelet.

Olive de la Chèse, veuve de feu Guillaume Artur, lieutenant de la cour de Dol.

MONT-DOL.

Raport des exempts de la susditte paroisse fait par Pierre Viseau et Robin Marion :

Nobles

Olivier Le Fils-Hus et Guillemette du Val sa compagne, sieur de la Cour des Flourvilles.

Gillette de Lorgeril, dame de la Roche.

Jean Pesnel, sieur de la Bégaudière.

Georges de la Bouexière.

Jehan Taillefer, sr de la Métrie, séneschal de Dol.

Pierre Berthier, chastellain de Landal.

Colas de Pontcoleur.

Etienne Boutier.

Macé Bedel.

Jean Le Veix.

Thomas Bedel.

Geffroy Bedel.

Jehan Bailleul.

Gilles de Porcon, sr dudit lieu.

Olivier Genest.

Allain Le Sage.

Jehan le Gallays, sr du Faydeul.

Jehan Eon, sr de la Rouauldaye

CARFANTEIN

Raport des exempts de la ditte paroisse fait par Olivier Le Roux. Guillaume Jehan et Hamon Jehan, élus :

Nobles.

Jehan de la Fontaine.

Guillaume Guibert.

Olivier de la Moussaye.

Eustache Vauclerc.

Margueritte Montereul, damoiselle veuve de feu Thomas du Pont, et auparavant femme du nommé Guillaume Guyber (sic).

Guillaume Blanchart, s^r de la Buharaye et de la Forest-Haraud.

Gilles du Cobaz, s^r de la Haute-Bruteraye et de la Chapelle-Cobaz.

Bertrand de Poilly et Marie Chouffe sa femme.

Charlotte de Lanvallay, dame du Vaudoré et des Orgerils.

Gilles Lescuin, s^r de Chasteau d'Assy et du Rouvray.

Jehan Eon, s^r de la Rouauldaye et Marie du Han sa femme.

Allain Chasault, se disant gentilhomme.

Philippe Poyrier, sieur de l'Epinay.

SAINCT-LEONARD

Raport des exempts de la ditte paroisse fait par Pierre Genest Pierre Le Febure, élus :

Noble.

Vénérable et discret messire Geffroy de Bintin, s^r dudit lieu et de la Corbonnaye.

BAGNE-PICAN (Baguer-Pican).

Raport des exempts de la ditte paroisse fait par Renaud Viel, Jehan Eudes, Macé Auffray et Jehan Rouyer, élus :

Nobles.

Arthur de Romillé et Guillemette du Poul sa compagne, s^r et d^{me} de Vieille-Epinne.

François de Bréhant et damoiselle Jaqueminne de la Bouexière sa compagne, sieur et dame de Launay-Baudouin.

Roland du Breill, sieur des Hommeaux, fils de feu Charles du Breill, représentant pour l'aquisition de la salle du Grand Argay, Me Roland Madeuc et Gilles Madeuc.

Damoiselle Jeanne Conesgon, dame de Ville-Jehan.	Guillaume de Vigneuc.
Jeanne du Chastel, dame dudit lieu et du Tranchin.	Etienne Bouthier.
François du Han, sieur de Launay-à-l'Abbé.	Jean de Poelly.
Macé Bedel le jeunne, fils Jehan.	
Macé Bedel l'aisné.	

ROS—SUR—COESNON

Raport des exempts de la ditte paroisse fait par Jean Michel, Raoullet Richard et Macé Rossel, élus :

Nobles

Christophle de Lignières, sieur de Launay-Morel.

François du Bouays-Baudry, sieur de Chantegrue.

Pierre, Jehan et Allienette de la Marche, enfants de Pierre de la Marche, sieur de Montorton.

BAGUÉ—MORVAN (Baguer-Morvan).

Raport des exempts de la ditte paroisse fait par Guill. Launay, Raoullet de Rennes et Pierre Pigeart, élus:

Nobles.

Pierre de l'Estanc, s² dud. lieu et de Chasteau d'Acyr.

Raoul de Québriac, sieur de la Hirelaye.

Amaury de la Moussaye, s² de Touran, du Vau-Raoul et du Boysfaytou.

Geffroy de Bintin, s² de la Corbonnaye et du Tertre-Bintin.

Charlotte de Lanvallay, dame du Vaudoré.

Guillaume Boutier, sieur de Launay Blot.

Guillemet Noguez, sieur dud. lieu et de la Hellandaye.

Jean du Han, sieur de la Goullonaye.

Olivier Genest, sieur de la Sillaye.

SAINCT—MARCAN

Raport des exempts de la susditte paroisse fait par Jehan Guillien, Gilles Barbot, Jehan Guerin, et Jehan Boucherant, élus :

Nobles.

Guillaume Tircoq, sieur du Boishermez et de Poutestal.

Julien Daumer, sieur de la Villez-Düe et de la maison du Prest.

François de la Bouexière, sieur dudit lieu.

SAINCT-GEORGES DE GREHAIGNE

Raport des exempts de la ditte paroisse fait par Macé Le Breton et Colas Guérin, élus :

Nobles.

Guill. du Vauclerc, s' de la Chapelle-Vauclerc.
Jean de la Binolaye, s' des Verdières, demeurant en Normandie.
Pierre de la Marche, s' du Montorton.

PLAINNE-FOUGIERE

Raport des exempts de la ditte paroisse fait par Jean Potel, Robin Gaslain et Jean Le Compte, élus :

Nobles.

Raoul Ferron, s' de la Marre-Ferron.
Gilles de Montlouët, s' de Montlouët.
Philippe de Flourville, s' de Villauger.
Artuze Pinier, tutrice de Jean de Flourville son fils et de feu Robert de Flourville.
Raoul de Flourville, sieur de Lescluse.
Gilles de sainct Gilles.
Jeanne de Senedavy, dame de Rimon.
François du Houx, s' du Budel et de Villecherel.
Jean de Lassy, s' de Moulinnes et du Rosel.
Julienne de la Villeaubert, veuve de Robert de Senedavy.
Jean du Buat, sieur du Buat et de Villeclère.
Jean du Han, s' du Chastellet et de Bresamyn

SAINCTS

Raport des exempts de la ditte paroisse fait par Jehannot Bourguillois, Jean Richart et Sanson du Boays, élus :

Nobles.

Gilles de Texüe, s' de Senedavy et de la Giraudière.
Robert Turpin, sieur de Langevinière.
Jean Roland, représentant Robinne Colin sa mère.
Guillaume Le Saige.

RÉFORMATION ( )

TRÉMÉHEUC. — Néant.

CUGUEN

Raport des exempts de la ditte paroisse fait par Michel Pelé, Raoullin Elnart, Jean Guedé, Olivier Gautier, Michel Sotin et Jean Hulart, élus :

Nobles.

Pierre Thierry, s⁺ de la Roche-Montbourcher.

Jehan Gerart, s⁺ de Laumosne.

Geffroy de Languan, s⁺ de la Baudronnière.

Guillaume Péan, s⁺ dud. lieu de la Roche-Montbourcher.

Lesnart de la Roche.

BONNEMAIN

Raport des exempts de la ditte paroisse fait par Rolland Boutie Geffroy Le Potier et Gilles Rouxière élus :

Nobles.

Jehan Marie, s⁺ de la Higourdaye.

Vénérable personne Messire Morice de Champaigné, Chanoin   de Saint-Malo, s⁺ de la Guyhomeraye.

Jean du Buat, s⁺ du Buat.

Gilles Le Bouteiller, s⁺ de la Chèze.

Jeanne Hingant, dame de la Ville-Amaury.

Jean de Lanvallay, s⁺ de la Barbottaye.

Thomas Bourbans, s⁺ du Rochier.

Charles Le Voyer, s⁺ de la Métrie de Montferrant.

Gilles Hingant, s⁺ du Bouays Guyommaiz.

François de la Bouexière, s⁺ de la Chalopinaye.

Jean de Trémigon, s⁺ dudit lieu.

EPINIAC

Raport des exempts de la ditte paroisse fait par Guillaume Chapon , Jamet Rouxel, Nouel Vigour et Jehan Boulière, élus :

Nobles.

Charles Hingant, sieur de Hac et du lieu de la Bouyère.

Jean de Trémigon, s' de la Ville-Hervé et de la Broce.

Jean Paisnel, sieur de la Belleure.

Regnaut Bouriel, sieur de Pontsault.

Pierre Berthier, sieur de la Motte.

Jean Le Roy, représentant Robin Le Roy, ennobly.

LA BOUSSAC

Raport des exempts de la ditte paroisse fait par Guyon de l
Tousche, Pierre Rondin et Nicolas Bregeot, élus :

Nobles.

Jehan du Buat, sieur dudit lieu et domaine de la Guerche.

Robert de la Motte, sieur du domaine de la Motte.

Jean de Trémigon, sieur dudit lieu et de Lulfac, représentant
Jeanne Poussemotte.

Les enfants de deffunct Gilles de Champagné et Geffelinne Le
Fils-Hus sa femme, sieur et dame de la Chesnardaye.

Charles Du Val, s' de la Talonnière.

Allain Le Saige et Gillette Le Saicher sa compagne, représentant
Robert Le Saicher, frere de ladite Gillette, pour le domaine de la
Herbedaye.

Jean Le Saicher, s' dud. lieu de la Ruce.

Guill. de St-Gilles, s' du domaine du Planteix, lequel domaine fut
au précédent à Pierre Prod'homme et Perrine Mezauboin sa femme.

Agaisse de Martigné, s' de la Ville au Fils Méen.

Gilles de St-Gilles, noble et uzant de pratique, représentant
Richard et Bertrand Couespel, nobles.

Charles Poussemotte.

AUTRE RÉFORMATION

DE L'EVESCHÉ DE DOL

POUR L'ANNÉE 1513

AUTRE RÉFORMATION

DE L'ÉVESCHÉ DE DOL

POUR L'ANNÉE 1513[1]

—✦—

LANGAN

Déclaration des personnes et des maisons nobles de laditte paroisse :

Le manoir noble de la Chaussaye, auquel demeure noble dame Louyse de Bintin, dame dudit lieu.

Jean Brunel, écuier, sgr de la Plesse de la Touche-Raoul, et noble damoiselle Marie Baud, sa compaigne, possèdent le manoir des Sauboays.

Guillaume Ginguené, sgr de Launay.

Guillaume Ginguené, sgr de la Mériallaye.

Pierre Chevalier, sgr du Portal.

Robert Ginguené, sgr de la Fontaine.

Damoiselle Jeanne Aubault, dame de la Chauneraye au nom et comme tutrice de Pierre Ginguené, son fils, d'elle et de feu Robert Ginguené, son mary.

Jean Ginguené, écuier, sgr de la Chevaleraye.

Noble homme dom Jean de Sainct-Pern possède le pré Rouaud.

Allain du Breil, noble homme.

Pierre de Champagné, noble écuier.

[1] Mon manuscrit n'indique pas à quelle occasion se fit cette seconde réformation. Plus complète que la première, elle donne d'intéressants détails sur les familles nobles du pays de Dol en l'année 1513.

LA LANDÉE

Dans ladite paroisse, il n'y a nul noble ni domaine exempt de fouage.

SAINCT-MELOIR

Déclaration des maisons nobles de ladite paroisse :

Olivier Hus, sieur dudit lieu, possède le manoir noble de Saint Samson.

Raoul de Bégassoux, jouveigneur du Bois-Rolland, possède le manoir noble de Couesura.

M. Louys du Fournel possède à cause de sa femme le manoir noble de Ville-Hus.

PLERGUER

Déclaration des manoirs nobles de ladite paroisse :

Guillaume de Chasteaubriant, sire dudit lieu, possède le manoir de Beaufort, les métairies de Rocheart, du Mesnil, des Alliez et de Lande-Amy.

Gilles de Cherruyers, fils de Jehan de Cherruyers, sieur de la Jugandière, possède le manoir de la Tessonnière.

Julienne de la Chapelle, fille de Pierre de la Chapelle, possède le manoir de la Poterie.

Jean Le Diou, fils Roland Le Diou, possède le manoir de la Hirebechaye.

Messire Amaury de la Moussaye possède le manoir de Pan...

Geffroy de Hindre, fils de Jehan de Hindre, possède le manoir des Rochers.

Olivier de Pennileuc et Guionne de Res, sa compagne, fille de Jehan de Res, possède le manoir de Breignon.

Guillaume de Vauclerc, fils de Christophe de Vauclerc, possède le manoir de la Chapelle-Vauclerc.

Guillaume Vydegrain possède le manoir de la Moygnerie.

Michau Lequen et Jaquette Salliou, sa compagne, fille de Geffroy Salliou, possèdent le manoir de la Tousche qui fust à Thébaud Salliou, frère de ladite Jaquette.

Gilles de Chasteaubriant possède le manoir de Belestre.

Guillaume Bouthier et Jeanne du Rouvre, sa compagne, possèdent le manoir de Senen.

Alain Le Saige et Gillette Le Sacher, sa compagne, possèdent le manoir de la Motte-Choursin.

Raoul de la Montehère, comme héritier principal et noble de Huguet de Larchez possède le manoir de la Ville Goriou.

Jean de Lanvollay, possède le manoir de Lessart.

Olivier Le Chevrier, fils de Jean, possède le manoir de Saint-Gluen.

Guillaume Salliou possède le manoir de la Ville-Morin et du Puy-Salliou

Alain Le Saige et Gillette Le Sacher, sa compagne, possèdent le manoir du petit Lentricher qui fut à Robert Le Sacher, frère de ladite Gillette.

Jeanne Hagomar, veuve de feu Jean Gucheneuc, et Jean Guéhenneuc, son fils, possèdent le manoir du grand Lentricher.

Julien de la Crouez se disant noble possède héritages.

LE HINGUE

Déclaration des maisons nobles de ladite paroisse :

Demoiselle Raoulette Ruffier, dame de la Gibonnaye, possède la métairie du Pont-Ruffier.

Jehan Dibart, sieur de la Pirie, fils de Julien Dibard, possède le manoir de la Pirie et celuy de la Noe.

Olivier du Rocher, noble, possède héritages en roture.

SAINT-CARNE

Déclaration des maisons nobles de ladite paroisse :

Messire Bertrand de Quédillac, sr de Tadeu, possède le manoir de la Pruneraye.

Simon Ferron possède le manoir du Chesne et de la Mensilaye.

Le sieur de Montmoron et sa compaigne possèdent le manoir du Pin, qui fut au précédent à Charles du Breil, sr de Pleumagat.

MINIAC-MORVAN

Déclaration des maisons nobles de ladite paroisse :

Gilles du Chastellier, vicomte de Pommery, fils de Vincent du Chastellier, possède le chasteau de Miniac avec la métairie du Bas-Miniac.

Jehan Quenoart, fils de Thomas Quenoart, possède la maison de Launay-Quenoart.

Thomas de Hirel, représentant Olivier de Hirel, possède le manoir du Bois-Guyot, *item*, tient la Chalandière qui fut a Guillaume de Hirel, son père.

Jean Guiheneuc, fils Jehan, possède le manoir de la Barre.

Raoul Ferron, fils Michel, possède le manoir de la Marre-Ferron; *item*, au droict de Jacquemine Le Prevost, sa compaigne, fille de Pierre Le Prevost, possède la metairie du moulin Farnel; *item*, le manoir de la Jambonnière.

Raoul de Québriac, sieur de la Hirelaye, possède le manoir du Boishamon qui fut a Raoul Rohier.

La métairie de Goullon qui fut a messire Olivier du Breil, séneschal de Rennes.

Jean Bertrand, fils de Guillemette de Québriac, possède le métairie de Launay-Québriac.

François de la Houssaye et Jeanne de Québriac, sa femme, possèdent le manoir de Crollebouzeguy qui fut a Gilles de Québriac sieur de la Tousche.

Jean de la Monneraye se disant noble, possède le manoir de la Villeblanche.

Thomas des Portes tient la metairie des Portes.

Raoullet Boulleuc qui se dit gentilhomme et qui n'a d'autre tiltre de gentilesse sinon qu'il se dit du lignage d'un nommé Saudraye a qui le duc Jehan franchit un hébergement.

Gilles Le Clerc qui se dit noble pourtant qu'il dit que son père étoit bastard d'un nommé Charles de Cahideuc et qu'il étoit gentilhomme et ne scait on qui il étoit ni d'où il étoit.

Raoul Levesque qui se dit gentilhomme possède des terres en rôture.

CHERRUEIX

Déclaration des maisons nobles de laditte paroisse :

Bertrand Budes, gentilhomme des parties de Lamballe, possède le manoir de la Guiberdiere.

Jeanne Prud'homme, damoiselle, femme de Guillaume Le Saige, homme de bas état, possède le manoir de Boays-Robin qui fut a Pierre Prud'homme, noble homme.

Noble homme François du Han possède le manoir de la Pichardière dans lequel depuis soixante ans l'on a veu demeurer Marguerite Le Petit, damoiselle, mère du père dudit François, et après Gilles du Han.

Simon de Bonnefontaine et Perrine du Breil, sa femme, possèdent la métairie des Ruoltz, laquelle fut à Guillaume Le Bourdelays, noble homme, et après luy, à Jeanne Le Bourdelays, damoiselle, laquelle Jeanne fut mariée à Geffroy Licorgnen, roturier *item*, la métairie de la Verdière.

Philippes Eon, damoiselle, possède la maison de la Fontaine.

François de la Barre possède la métairie de....

Guillaume Boutier et Jeanne du Rouvre possèdent la métairie de Neufdic.

Jean de Taillefer, homme noble, sénéchal de Dol, et Jeanne Troullon, damoiselle, sa compagne, possèdent le manoir de la Méterie.

Jean Eon, fils de Geoffroy Eon, noble homme, possède le manoir de la Rouauldaye avec la maison de Bienvient.

Noble homme Gilles de Porcon possède les manoirs des Carrées et de Lessay.

Rolland de Charrueix tient le manoir de Laumosne.

Guillemette Le Gallays, fille de Jean Le Gallays, sieur du Fedeuc, possède le manoir de Vaujoyeux.

Etienne Boutier, gentilhomme, tient le manoir de la Rivière.

Gilles Renaud, fils Nicolas, tient le manoir de Bacillé.

Simonne Le Mesle, native d'auprès de Dinan, femme autrefois de Pierre Faverel qui dit estre noble.

Olivier Eon, noble homme, jouveigneur de la Rouauldaye, possède la métairie des Crouez-Chemins.

Jehan Le Voyer, quel est noble homme et néanmoins va à la charrue.

Jehan de Vaujoyeux, sieur de la Ville-Guillaume, noble homme, possède terres en roture.

Gilles de Cherrueix, sieur de la Jugandière, noble homme, tient terres en roture.

Olivier Le Fils-Hus, noble homme.

Guillaume Le Gallays, sieur de Chantelou.

TRÉBEDAN

Déclaration des maisons nobles de laditte paroisse :

Messire Jehan Le Felle, seigneur de Lescoublière.

Jean Lambert, sgr de Hautte-Ville, possède la métairie de Bouaige.

Vincent Bouan, sgr du Challonge, fils Jehan.

François du Challonge, sgr du Challonge, tient la métairie du Launay

Jeanne Johan, veuve de feu Renaud Pont, et Marie Pont, femmes nobles, possèdent la maison noble de la Morinaye.

Guillaume Le Lepvroux, sgr du Boays-Passemalet, tient héritages roturiers.

Guyon Nouel possède héritages en roture.

LANGUENAN

Déclaration des maisons nobles de laditte paroisse :

Damoiselle Ester de Rohan possède le manoir du Bouais-Jouan.

Olivier Bouan, sgr de la Boullaye.

Olivier de Broon possède le lieu de la Villeneufve.

François de la Moussaye, s' dudit lieu.

Olivier Allain, qui dit être noble.

Nicolas L'Abbé, noble homme.

LA BOUSSAC

Déclaration des maisons nobles de laditte paroisse :

Hault et puissant Jean de Rohan possède le chasteau de Landal avec les métairies de la Ville-Saunain, de la Bretonnière...

Charles de Beaumanoir, sgr du Besso, tient le lieu de la Claye.

Jehan du Buer possède les métairies de la Guerche et de la Haye.

Robert de la Motte, sgr dudit lieu.

Jean de Trémigon, sgr dudit lieu, possède le manoir de Luffiac.

Les enfants mineurs de deffunct Gilles de Champagné et Geffelinne Le Fils-Hus, sa compaigne, possèdent le manoir de la Chesnardaye.

Charles du Val, noble, possède le manoir de la Talonnière.

Allain Le Saige et Gillette Le Sacher, sa compagne, possèdent le manoir de la Herbedaye.

Jean Le Sacher possède le manoir de la Renée.

Guillaume de Saint Gilles possède les manoirs du Bourgain avec terres en roture acquises par Jean de Saint-Gilles, son père.

Egasse de Martigné, tient le domaine de la Ville au Fils-Méen.

Gilles de Saint-Gilles, noble, tient un hébergement qui fut à Richard et à Bertrand Coespel, nobles.

Jean de Saint-Père et Charles Poussemotte possèdent au droit de leurs femmes certains héritages.

LE HIREL.

Déclaration des maisons nobles de laditte paroisse :

Perceval Le Gallays, frère de Jehan Le Gallays, noble de sa personne, possède héritages qui furent en roture.

Les héritiers de feu Jean Allart, sieur de la Lardière, possèdent certains héritages et lesquels on ne scait s'ils sont nobles ou roturiers.

Yves de la Bouexière, sieur de...

Eustache de Vauclerc, sieur de la Ville-Marie

François de la Barre, sieur de la Bruère

Jean du Han, sieur des Tourailles.

Christophe Le Bigot, sieur de la Motte.

SAINCT-UGNYAC (Saint-Uniac)

Déclaration des maisons nobles de laditte paroisse :

Messire Allain Coialu, sieur du Plessix, possède les manoirs du Bois-Durand et des Touches.

Bertrand du Breil, s' dudit lieu de la Ville-Herviel, possède la métairie de Quenestain.

Damoiselle Jeanne Coialu, dame de la Touche, possède le manoir Ville-Greslier.

Raoul de la Houssaye, s' de la Rouvraye, possède le manoir de la Saillandaye.

Robert de Quenestain possède le manoir des Vieilles-Portes.

Michelle Le Genoullen possède la métairie de Clérigas et de Tréel.

Olivier Raiart, s' du Coudray.

Jeanne Le Bouteiller, laquelle se dit noble, tient héritages.

Allain Calouel, s' de la Ville-Durand, a acquis de Silvestre Douesnel héritages.

Jean de la Morinaye, s' de la Ville-Sorien, tient héritages.

SAINCT-URIELLE

Déclaration des maisons nobles de laditte paroisse :

François Millon, s' de la Plesse, possède la maison de la Baillée acquise par Jean Millon, son père, de gens roturiers.

TRESSÉ

Déclaration des maisons nobles de laditte paroisse :

La métairie du Tertre-Guy qui fut à Eustache Ferron, et ensuite à Gilles Ferron, son fils aîné, et à présent à Jean Ferron comme tuteurs des enfants mineurs dudit Gilles.

LA CHAPELLE SAINCT-SAMSON

Déclaration des maisons nobles de laditte paroisse :

Messire Christophe de Tremereuc, chevalier, sieur du Pontbriant, possède la métairie du Chastellier.

Messire Charles Hingant, seigneur de la Theimblaye, tient le Bourgneuf.

Noble Guillaume Martin et Perrine Simon, sa femme, possèdent la métairie de Carchel.

Noble homme Robert du Boays et Catherinne de Beaumont, sa femme, possèdent le manoir de la chapelle.

Jean Simon et Raoullette Gastine, sa femme, possèdent héritages qui furent partables.

Olivier de la Provoste, sieur de Coutance.

Jean du Barry, écuier.

COESMYEUX

Déclaration des maisons nobles de laditte paroisse :

Jean Poullain, écuier, sieur de la Ville-Salmon, fils de Jean Messire Guillaume Poullain, possède les métairies de la Ville-neuve, celle qui fut à Mathelin de Lescouet, noble personne, et celle de la Bouglière.

Jehan de Lesquen, noble personne.

Olivier de Lescouet possède le manoir de Pré-Fausseur.

Guillaume de la Motte, écuier, sieur de Kergrouët, fils de Pierre, possède le manoir qui fut à Honoré Volette, noble personne.

SAINCT-LAUNEUC

Déclaration des maisons nobles de laditte paroisse :

Le chasteau de la Hardouinaye appartenant à hault et puissant Jean de Laval.

Jeanne Sauvager, veuve de feu Guillaume, lequel était fils de feu Roland Guillaume, et ses enfants tiennent héritages qui furent en roture et qu'ils soutiennent exempts parce qu'ils se disent nobles.

Catherinne de Lambilly possède héritages dont les métayers payent fouage.

PLŒGUENEUC (*Plouguenenc*)

Déclaration des maisons nobles de laditte paroisse

Noble écuier François de la Barre, seigneur de la Coulombière, de la Barre et de Guéléneuc.

Noble écuier Jean de Bintin, sieur de Bazoges

Noble écuier Jean Ruffier, sieur du Leix.

Noble écuier Charles Gruel, sieur de la Motte-Gruel, neveu d'Arthur Gruel.

Noble et puissant Guyon de Couaislogon et dame Helenne Bonenfant, sa compagne, sieur et dame des Plessix et de la Bourbansaye.

Noble homme Guillaume Bachelier, sieur des Perrons.

Noble homme François Raelon, sieur du Gage, fils de Morice Raelon.

Noble homme Jean de la Fontaine, le jeune, sieur du Parquer.

Noble homme Jean de la Fontaine, sieur de Lomosne et de la Chardonnaye.

Noble homme Yvon Chouffe, sieur de la Motte de Linquon, fils de Georges.

Noble écuier Pierre Boterel, sieur d'Apigné, de Montigné et de Guyagan.

Noble homme Guillaume Geslin, sieur du Champ-Grenu.

La métairie nommée la maison du Bourg appartenant à maistre Guy de Sainct-Cyr et Olive Gicquel, sa femme, et à Jeanne Gicquel, veuve de Macé Guillier.

Noble et puissante damoiselle Guionne de Lorgeril, dame dudit lieu et du Bodon, tient la métairie du Val.

PLEUDIHEN

Déclaration des maisons nobles de laditte paroisse :

Jean des Guez, lequel se dit noble.

Perrine de Launay, fille de feu Phelippot.

Robert de la Salle, ecuier, sieur de la Tousche.

Jacques de Cramou, l'aisne, ecuier, sieur de la Motte-Cramou et du Chesne-Ydeul

Briand de la Feillee, ecuier, sieur de la Ville-Giecquel, possede la metairie du Pas-de-Pierre

Rene de Saint Meleuc, ecuier, sieur de Saint Meleuc, possede la metairie de la Sauldraye et de la Ville-Pean.

Noble et puissant François de la Houssaye et demoiselle Jeanne de Quebriac, sa compagne, dame de la Tousche-Quebriac.

Noble et puissant Jean de Rohan, sieur de Landal, tuteur de damoiselle Helenne de Rohan, sa fille, possede les metairies de la Grande-Tourniolle et de la Petite-Tourniolle.

Raoul du Breill, ecuier, sieur de Gouillon, possede la métairie de Ville-Gouillon.

Thomas de Rochefort, ecuier, sieur de la Millour, possede une maison dans laquelle est demeurant Macé de Rochefort, gentilhomme, son frere.

Dame Françoise du Chastel, dame de la Belliere.

Jeanne Gouyon, demoiselle du Vauclerice.

Guillaume Le Jeune, ecuier, sieur du Gue.

Gilles du Bouays-Riou, ecuier, sieur de la Motte-Pillandel, possede la metairie de la Ville-Herny.

Michel Piedevache, ecuier.

Jean Piedevache, gentilhomme

Jean de la Bouexiere, et sa compagne, sieur et dame de Pré-Normez.

Guillemette Rouxel se dit noble, fille de feu Bertran Rouxel, lequel s'etoit annobly à raison de l'office de sergentise de la cour de Rennes.

Jean de la Roche, gentilhomme, fils de damoiselle Jeanne Felle.

Roland du Bouays, ecuier, sieur de Couesbouc, tient le lieu de Beaumarchays, comme garde de son fils aisné.

Alain Ory et sa femme, Jean Gourdel et sa femme tiennent à cause d'elles et Jehan Rouxel la maison noble de Pelan.

Messire Christophle de Trémereuc et sa compagne, seigneur et dame de Pontbriant.

Jean Gourdel.

Jean Fournier et Béatrix Gourdel sa compagne, et Etaisse Gourdel, sœur germaine de ladite Béatrix, filles de Guillaume Gourdel.

Noble Gilles Gouyon, ecuier, et dame Jeanne Bourdoin, sa compagne, sieur et dame de la Villardaye.

François Le Forestier et Alain Le Forestier, nobles gens.

Maistre Guillaume du Val, noble et prestre.

Jean Turquays et Catherine Tizon, sa femme, nobles, tiennent certains heritages qui furent a Jacques Le Porc, sieur de la Chesnaye, laquelle Catherine Tizon, fut mariée en premières noces à Guillaume Le Prevost.

Henrye Le Prevost, noble dame des Murs.

Raoul Tizon et Margueritte de la Feillée, sa femme

Gilles Rouauld, noble.

Noble écuier Mathieu des Murs, sieur de Sainte-Agathe, possède la terre du clos Bouys-Jean.

Noble damoiselle Marguerite de la Motte et Raoul Labbé, son fils.

Jacques de Cramou, le jeune, noble.

Guillaume Hercouet, noble.

Robert de la Salle, écuier, sieur de la Touche.

Jean Paindavainne.

François de la Barre, sieur du Boylerault.

Jean Laignelle, gentilhomme.

SAINCT-JAGU (Saint-Jacut)

Déclaration des maisons nobles de laditte paroisse :

Le manoir de la Guérinnaye, appartenait à l'abbaye de Sainct-Jagu.

TRESSAINT

Déclaration des maisons nobles de laditte paroisse :

Haut et puissant seigneur Jean de Rohan, seigneur de Landal, possède le manoir de Tressaint qui fut à Messire Jean de Lorgeril.

SAINCT-SOLAIN

Déclaration des maisons nobles de laditte paroisse :

Georges Chastel, écuier, sieur temporel de la Rouvraye, représentant Morice Chastel, lequel Morice, représentant noble homme Raoullet Chastel, possède héritages qui furent en roture.

Noble homme Guillaume de Bréfeillac, écuier, et sa compagne, sieur et dame de la Vacquerie.

AUQUALLEUC. — Néant.

LANVALLAY

Déclaration des maisons nobles de laditte paroisse :

Jean de Monterfil, écuier, possède le manoir du Boays-Harouart que possédoit auparavant noble écuier Raoul de Monterfil, avec celuy du Coulombier.

Item, Françoise de Lesen, pour raison de douaire, possède une maison sortie du Boays-Harouart.

Bonabes de Lesen, représentant Gilles de Lesen, possède le manoir noble de la Sansonnaye.

Jean Le Chauff, par cause de sa femme, possède le manoir de Beauvays qui fut à Guillaume Taillefer.

LE VIVIER DU HIREL

Déclaration des maisons nobles de laditte paroisse :

Maistre Jehan de Taillefer possède la métairie du Pont et autres terres en roture.

SAINCT-COULON (*Saint-Coulomb*)

Déclaration des maisons nobles de laditte paroisse :

Noble et puissant Guillaume de Chasteaubriant possède la métairie du Plexis-Bertrand.

Jean Bouays, écuier, tient la métairie du Buot.

Christophe Le Cartier, noble homme, possède le manoir du Hindré.

Guillaume des Cognets, noble homme, sieur de Branlaymant et de la Lorguaye et de la Tullaye.

Jehan Le Chauff, sieur de la Motte-Chauff et de la Ville-Brehant.

Henry Huguet, noble homme, sieur du Lupin et de la Ville-Galbrun.

Jeanne Ferchaut, noble damoiselle, jouit à droit de douayre de la métairie de la Barre.

Jean de Monterfil et Marguerite Malleterre, sa femme, possèdent le manoir du Vieux-Chastel, avec la métairie du Lac.

Geffroy du Hindre, noble homme, sieur de la Motte-Jehan.

Bertrand Ferchaut, noble, sieur de la Ville-Poullet.

Guillaume de Lorgiez, écuier, sieur de la Trinité.

Philippes Bardoul, damoiselle, dame des Guez.

Jacques Flambart, noble, sieur de la Fosse-Hingant.

Paul Flambart, noble, jouveigneur de la Fosse-Hingant, possède la métairie de la Cayne.

Damoiselle Perrine Flambart possède la maison de Nermont.

Damoiselle Françoise Flambart possède quelques terres.

Noble homme M⁰ Guillaume de Taillefer, procureur de la Cour-Laye de Dol, possède la métairie de Belesve.

Briant Cartier, noble homme, possède la métairie de Marceaux et celle du Champ-Adam, avec Paul Flambart.

Noble et discret dom Jean de la Montelière, sieur de Sainct-Thomas, possède certains héritages nommés les Fougerays.

Noble homme Guillaume Eon possède la métairie de Haugears.

La métairie de la Ville-Ferchaut appartenant au sire de Beaufort.

PLAINNE-FOUGIÈRE

Déclaration des maisons nobles de laditte paroisse.

Raoul Ferron, écuier, sieur de la Marre-Ferron et du Plexis-Chesnel et de la Motte.

Gilles de Montlouet, noble de temps immémorial.

Philippe de Flourville, sieur de Villanger.

Artuze Pinier, tutrice et garde de Jean de Flourville, son fils, et de feu Robert de Flourville.

Raoul de Flourville, sieur de Lescluse.

Gilles Devezac, sieur de Vauvunière, fils mineur de feu Jehan Devezac, noble.

Gilles de Sainct-Gilles, sieur du Bas-Villeclerc.

Arthur de Sainct-Gilles.

Jeanne de Senedavy, dame de Rimon.

Jean de Bonnefontaine et Jean de Bonnefontaine son fils se disent nobles.

Gilles de Montlouet, sieur dudit lieu.

Jean de Lassy, sieur de Moulinnes et du Rosel.

François du Houx, sʳ du Bodel possède le manoir de Villecherel.

Julienne de la Villeaubert, veuve de Robert de Senedavy, son premier mari, possède en doayre le manoir de Senegrant.

Jean du Buat, sieur du Buat, possède la métairie de Villeclerc.

Guillaume de Sainct-Gilles possède héritages.

Jehan du Han, sʳ de Bresamyn, possède la métairie du Perray.

SAINT-GUYNOU (Saint-Guinoux)

Déclaration des maisons nobles de laditte paroisse :

Jean Le Boutellier, écuier, sieur de Maupertuix et des Landes.

Allain Chohan, sieur de Ville-Aubel.

François Toullac et Marie Boulleuc, sa femme.

Jean du Quelleneuc, sieur de Keriolys et du Pré.

La métairie noble de Lessart, que tient Guillaume Le Comte, bourgeois de Saint-Malo.

Pierre de la Motte, dudit lieu.

Jean de Beaumont, sieur des Landes-Boys.

Briand de Tréal, sieur de la Ventière, et Jean de Bandan et Guillemette de Beaubuys, sa compagne, possèdent héritages qui furent à feu Jean de Tréal, père dudit Briand et lors mary de laditte Guillemette.

SAINT-TUAL

Déclaration des maisons nobles de laditte paroisse :

Charles Hingant, sieur du Hac, possède les manoirs de la Gouesnaye et du Bouays-au-Chien.

Georgette de Meul, veuve de noble homme Jean Le Saige, possède les manoirs nobles de la Marre et du Bas-Lesnen.

François de l'Espinay, sieur de la Villegérouart, possède le manoir de la Bellangeraye.

Pierre de Troudelain, sieur dudit lieu, possède les métairies de la Chesnaye et de la Ville-Avenonengue (?)

Gilles du Chastelier possède les métairies de Lesnen, de la Ripviere et de Tressousent.

Raoul Le Bel, sieur dudit lieu, possède le manoirs de Tretuane, de Lesnen et de la Motte-Rouxel.

Jean Renard possède le manoir de Tressouleil.

Tristan de la Vallée possède le manoir de la Ripviere.

Georgette de Troudelain possède le manoir de Tressouleil.

Macé Brunet possède le manoir de la Pironnaye.

BONNABAN

Déclaration des maisons nobles de laditte paroisse :

Pierre Busnel, sieur de Launay, fils de Jehan Busnel et d'Olive de Broon, sieur et dame de la Croix-Herbe.

Olivier Launay, fils de feu Jean Launay et de Raoulette Main.

Le sire de Maure, fils de Jehan, sire de Maure possède le chasteau, parc et praeries dudit lieu.

Jean Le Bouteiller, sieur de Maupertuix, fils de feu messire Jean Le Bouteiller, et Marguerite Duse, sa compagne, père et mère et dudit Jehan Le Bouteiller.

Jean Levesque et Berthelinne de Sainct-Père, sa femme, fille de Jean de Sainct-Père, possède le manoir de la Saudraye.

SAINCT-JUDOCE

Déclaration des maisons nobles de laditte paroisse :

Antoine Levesque, sieur de Pontharouart et de la Corbinaye.

Gilles du Fournel, sieur dudit lieu du Haut-Fournel

Louis du Fournel, sieur du Fail.

Jean Le Charpentier, sieur du Margat

Morice Troussier, sieur de la Ricollaye

Floury Briand, noble homme.

Raoul Bily, sieur de Louaselaye.

Julien Bily qui se dit noble.

Charles de Beaumanoir, sieur du Besso, de la Villemeres, du Bas-Breix et le Haut-Breix, de la Fontaine.

Le sire de Chasteaubriant, tient le manoir de Villemain.

Noble demoiselle de L'Hôpital tient le manoir du Portal-la-Chapelle.

Ponce de l'Hôpital tient le manoir du Portal.

Bonabes de Lesquen, tient le manoir de la Garde.

Louys de Quanquan, sieur de Quénart, tient le manoir de la la Motte-Evesque.

Bertrand Ferron, fils de noble homme Raoul, possède terres qui furent en rôtures.

Jean Grignard, sieur de Champsavoy.

SAINCT-YDEUL

Maisons nobles de laditte paroisse :

La maison des Portes, appartenant à Bertrand Jouchée, bourgeois de Saint-Malo.

La maison du Bourg, appartenant à Pierre Chenu, bourgeois de Saint-Malo.

NOTRE-DAME DE DOL.

Déclaration des maisons nobles de laditte paroisse :

Guillaume Garrel possède le manoir de Lergay.

Le manoir de Bellelande, appartenant à la dame de la Bellière.

Eustache Rouxel, noble homme, avocat de Dol, possède le manoir de Beauvais

MEILLAC

Déclaration des maisons nobles de laditte paroisse :

Guillaume de Sénegant.

Louys Angier.

Bertranne Le Boulangier, Laurence Le Boulangier.

La métairie du Rocher.

La maison et métairie du Bourgneuf, la métairie de la Motte-Meillac, appartenant à M. le Grand Maistre.

La métairie de la Ville-Naud, la maison du Piriou, à M. l'abbé de la Vieuxville.

La métairie de la Chapelle au Sylvian, appartenant au sieur de Saint-Amadour.

La maison de la Tertraye, appartenant au sieur de Quelleneuc.

Le manoir de la Ville-Auffray, la métairie de la Hautteville, à Jean de Lanvalay.

La maison du Breuil, à Guillaume du Breil.

La métairie de la Ville-Davy, à Jean Chérot.

La métairie de la Saudraye à François Raton.

La Guychonnière à Gilles Durot.

La métairie de la Bretesche à Raoullet de la Bouexière.

La métairie de la Durantaye, à Philippe de la Bouexière.

Le manoir du Chesne-Fevrier à Florette L'abbé.

CUGNEN

Déclaration des maisons nobles de laditte paroisse :

Pierre Thierry, sieur de la Roche-Montbourcher.

Jean Gérart, sieur de......

Geffroy de Langan, sieur de la Baudronnière.

Guillaume Péan, receveur de la Roche-Montbourcher.

Lesnart de la Roche.

EPINIAC

Déclaration des maisons nobles de laditte paroisse.

Maistre Mathurin de Plédran, par la grâce de Dieu, évesque de Dol, luy appartient le domaine des Ormes.

Maistre Bonabes du Challonge, par la grâce de Dieu, Abbé de la Vieuxville, luy appartient le domaine de la Bigotière.

Charles Hingant, sieur de Hac, tient le lieu de la Bouyère, du Vaujourdan.

Charles de Beaumanoir, sieur du Besso, de la Motte-Cesson.

Jean-Marie, sieur de la Higourdaye, en Epiniac.

Jean de Trémigon, sieur de la Ville-Hervé et de la Broce.

Jean Paisnel, sieur de Belle-Noé, en Epiniac.

Regnault Bourel, sieur du Pontsault, en Epiniac.

Jean Le Roy, sieur de la Durantaye.

Pierre Berthier, sieur de la Motte, et de la Barbière.

VILDÉ-MARINE

Déclaration des maisons nobles de laditte paroisse :

Amaure Mauvoisin, noble homme, a acquis héritages en rôture.

VILDÉ-BIDON

Dans la susditte paroisse est demeurant homme Thébaud de Cleux, qui possède terres en rôture.

LILLE-MER

Déclaration des maisons nobles de laditte paroisse :

Guillaume Busnel, homme rôturier qui se dit noble parce qu'il a épousé une demoiselle.

Jean Saillart, qui se dit noble.

Jean de Rieux, tuteur de Jeanne de Rieux, possède la métairie des Hautes-Mottes.

Jean Cadiou, par cause de Françoise de Launay, sa compagne, sortie de la Ville-Armaye, possède le manoir de Malletasse.

Noble homme, Guillaume Le Bouteiller, juveigneur de la maison de la Chesnaye en Roslandrieuc, a acquis terres en rôture, dont jouit à présent Guyon du Cartier, se disant gentilhomme, et sa vacation est de se mesler des affaires des gentilshommes du païs.

Michel Le Bouteiller, frere du sieur de Maupertuix, a acquis terres en rôture, dont jouit Jean Le Bouteiller, sᵉ de Maupertuix.

Etienne Le Fils-Hus, sieur de la Fresnaye, qui se dit noble, a acquis terres de rôtures.

LA FRESNAYE

Déclaration des maisons et personnes nobles de laditte paroisse :

Macé Rahier, Michel de Cherrueix, Michel Rahier, Philippes Le Prilleux, qui se sont portés nobles et se portent eux et leurs prédécesseurs nobles et ont été francs et exempts depuis soixante ans.

Amaury Mauvoisin, Olivier Le Diable, Jean de la Motte, Philippe de la Motte, qui se sont portés eux et leurs prédécesseurs nobles, et ont été exempts depuis soixante ans.

Etienne de Changé et Olive de la Bouexière, sa femme, possèdent la métairie de la Cour-Chevalier, qui fut autrefois à Guillaume de la Bouexière.

Geffroy Corbon et Jeanne du Parc, sa femme, possèdent la métairie du Pré-Jourdain, qui fut à Guillaume du Han.

Olivier Le Diable et Jeanne-Georgette, sa femme, possèdent le manoir de la Diablerie, qui fut à Guillaume Le Diable.

Bertrand de Cherrueix possède le manoir du Pré-Péan, qui fut à Rolland de Cherrueix.

Bertrand de la Haye et Jeanne Saliou, sa femme, possèdent la maison du Paisnel, qui fut à Jean Paisnel.

Briand de Champagné possède le manoir de la Cour-d'Ahaut et de la Cour-d'Anval, qui fut à Etienne Le Fils-Hus.

Maistre Guillaume Duval, doyen de Pouldouvre, possède le manoir de la Cour-Gouyon, qui fut à Robert et Guillaume Gouyon.

Macé Rahier possède la métairie du Pré-Henry, qui fut à Nicolas Rahier.

Amaury de Mauvoisin possède la métairie de la Ville-Bonne, qui fut à Jeanne Brunet.

Philippe Le Périlleux possède la métairie du Boiscleret, qui fut à Jean et à Olivier Le Périlleux successivement.

Macé Rahier possède la Bretonnière en roture.

Dom Robert Rahier, prestre noble d'extraction, possède divers héritages en roture.

Jeanne Le Diable, damoiselle, possède terres en roture.

Philippe et Jean de la Motte, nobles, tiennent terres en roture.

YLLIFAU.

Déclaration des maisons nobles de laditte paroisse :

Pierre d'Yllifau possède la métairie d'Yllifau.

Olivier Moessan possède le manoir de la Haye-Moessan.

Olivier de Grenedan possède la métairie de Grenedan.

André de la Fretaye et Eustache son fils, possèdent les manoirs de Guynermor, de Begmeuc et de la Ville-Geffré

Jeanne Le Prevost tient la métairie de Collan.

Pierre du Boays tient la métairie du Pontcoleuc.

Briand Hamelin.

François Troussier, sieur de la Gabetière, tient la métairie de Bosland.

Amaury Le Roux tient la métairie de la Brière.

Jean de Myniac et Jeanne Mourault, sa mère, possèdent la métairie de la Ville-Moessan.

Jean de Quésic tient la métairie de Quésic.

Jean de Myniac, Eustache de Myniac, dom Jean de Myniac et Marguerite de Grenedan, leur mère, veuve de Jean de Myniac, possèdent les terres qui furent en roture.

Jean Hamelin et Charlotte de la Bouexière sa mère, possèdent héritages en roture.

MONT-DOL.

Déclaration des maisons nobles de laditte paroisse :

Olivier Le Fils-Hus et Guillemette du Val, sa compagne, possèdent la cour de Flourville.

Guillaume Le Gallays, noble homme, possède la métairie noble de Lourmellet.

Gillette de Lorgeril possède la métairie de la Roche.

Jean Pesnel possède la métairie noble de la Bégaudière.

Jean Le Veix noble de sa personne tient rotures.

Thomas Bedel, noble, possède rotures.

Georges de la Bouexière, noble, possède rotures.

Gilles de Porcon, sieur dudit lieu, possède rotures.

Noble homme Olivier Genest possède rotures.

Noble homme Colas de Pontcolon possède rotures.

Noble homme Alain Le Sage possède rotures.

Noble homme Étienne Boutier possède rotures.

Noble homme Jean Le Gallays possède rotures.

Noble homme Mace Bedel possède rotures.

Noble homme Jehan Eon, sieur de la Rouauldaye, possède rotures.

LANNOAYS (La Nouais).

Déclaration des maisons nobles de ladicte paroisse :

Hault et puissant Pierre de Rohan possède le maison noble de La Denollaye.

Jean Bertran possède la maison de Lannoays.

Il y a procès pour raison du fouage prétendu sur la maison du Tertre, entre Julien de Parthenay, tuteur de ses enfants, sieur dudit lieu, et les paroissiens.

ROSLANDRIEUC.

Déclaration des maisons nobles de ladicte paroisse :

Louis de Guénégué et Clémence de Partenay sa femme possèdent la métairie de la Chesnaye et de la cour de Ros.

Jean de Cleux possède la métairie du Gage.

Jean du Han possède La métairie du Han de la Rivière-Mauveysin.

Pierre Guillaume possède la métairie de la Maugatelaye.

Messire Amaury de la Moussaye possède la métairie de la Motte-Rigaud.

Messire Gilles Ferré tient la métairie de la Ville-Julienne.

Guillaume de Vauclerc tient la métairie de Lislet.

Jean Le Bouteiller possède la métairie des Rochers.

M⁰ Geffroy de Bintin, chanoine de Dol, possède le manoir de La Hac-Boutier.

François Maynel possède la métairie ds Mortryen.

Gilles du Cobaz, possède celle du petit Mortryen.

Etienne de la Montellière possède celle des Sables.

Jean de Trémigon tient celle de la Rochelle.

Bertran de Lorme et Anne Benard, sa femme, tiennent celle de la Cornigère.

Eustache Rouxel jouist de celle de la Hautte-Follie.

Guyon du Cartier, représentant Guillaume Le Bouteiller, possède héritages en roture.

BONNEMAIN

Déclaration des maisons nobles de laditte paroisse :

Vénérable et discret M° Morice de Champaigné, chanoine de de Saint-Malo possède la métairie de la Guyhomeraye.

Jean Marie sieur du lieu de la Diablère.

Jean du Buat sieur dudit lieu du Buat.

Gilles Le Bouteiller jouit de la métairie de la Chèze.

Jeanne Hingant jouit de celle de la Ville-Amaury.

Jean de Lanvallay noble écuier jouit de celle de la Barbottaye.

Thomas Bourbans écuier, jouit de celle du Rochier.

Charles Le Voyer écuier, jouit de celle de Montferrant et de celle de la Chaussée.

Gilles Hingant jouit de celle du Bouays-Guyhommaiz.

François de la Bouexière, sr de la Chalopinaye et de Lourmaye.

SAINCT-GEORGES DE GREHAIGNE

Déclaration des maisons nobles de laditte paroisse :

Guillaume du Vauclerc, écuier, sieur de la Chapelle-Vauclerc, exempt.

Guillaume Le Sage et Jeanne Prodhomme, exempts.

Le domaine de la Motte.... appartenant au susdit Guillaume du Vauclerc de mesme que celuy de Malicorne.

Jean de la Binolaye, demeurant en Normandie, possède la métairie des Verdières.

Guillaume Le Sage jouit de celle de Chanel.

Pierre de la Marche sieur de la Montorton.

Guillaume Bouchart sieur de la Costardière.

SAINCT-MARCAN

Déclaration des maisons nobles de laditte paroisse :

Guillaume Tircoq, sieur du Boishermez, jouit de la métairie de Pontestal et de celle de Bidon.

Julien Daumer, sieur de la Villez-Düe, jouit de celle du Prest.

François de la Bouexière jouit de celle de Montfort.

La métairie de la Courtepière appartenant au sire de Combourg.

SAINCT-LÉONARD.

Déclaration des maisons nobles de laditte paroisse :

La maison de la Corbonnaye appartenant à vénérable et discret M⁼ Geffroy de Bintin.

Allain Le Sage.

ROS-SUR-COESNON.

Déclaration des maisons nobles de laditte paroisse :

Le sire Combourg possède un vieil manoir noble, caduc et ruisnay, nommé Ganguenay.

Christophle de Lignières écuier, possède le manoir de Launay-Morel et celuy du Tertre-Robert.

François du Bouays-Baudry tient le manoir de Chantegrüe Pierre, Jean et Alienette de la Marche, enfants de Pierre de la Marche, possèdent la métairie de Montorton.

Louys de Lourme, écuier, jouit de celle de la Turrerie.

SAINCT-HELEN.

Déclaration des maisons nobles de laditte paroisse :

Noble et puissante damoiselle Hardouinne de Surgères, dame de Coetquen, curatrice de noble et puissant sieur François de Coetquen son fils, sieur dudit lieu, fils de feu noble et puissant sieur Jean de Coetquen, sieur dudit lieu, possède le château et manoir de Coetquen et le manoir de la Feillée.

Noble homme Guillaume de Fauteret, sieur du Plessix, fils de nobles gens Robert de Fauteret et Jeanne de Carmouët, ses père et mère, possède la métairie des Prés, qui fut à demoiselle Ysabeau Rougeul de laquelle il a été héritier, et de celle de la Guerche.

Noble homme Christophle Le Bigot, fils de feu messire Guillaume Le Bigot, sieur de la Ville-Bougault, possède le manoir du Gué qui fut à noble homme Robert de Fauteret, et depuis fut acquis par René Avalleuc lequel était noble et duquel est ledit Christophle héritier principal, à cause de sa mère qui était fille dudit Avelleuc.

Noble homme Jehan Cadiou, fils de Rolland, possède le manoir de la Folletière.

Noble homme Jacques Cadiou possède la maison de la Houssaye.

Noble homme Ollivier Cadiou, fils de Rolland, et Jeanne Rouxel, femme dudit Olivier, possèdent les manoirs de la Gauterie et du Gage, lequel fut à Jeanne Gledel, fille feu Michel Gledel qui était noble, et celuy du Brat qui fut à Jehan Loxel lequel était noble.

Noble demoiselle Henrye Le Prevost, dame des Murs, fille de Guillaume Le Prevost, possède la maison des Murs.

François Hus et Jeanne Galliot sa femme possèdent noblement les terres qui furent à Guillaume Galliot père de laditte Jeanne qui était noble.

Gilles Pepin, sieur du Pont-Ricoul, noble, fils de feu Pierre Pepin.

Noble homme Maistre Pierre Rehault et noble demoiselle Valence du Chesne, sa mère, possèdent la métairie de Travallon qui fut à Michel Gledel qui était noble.

Raoullet Rehault, gentilhomme, possède quelques terres qui furent à Jehan Brat, lequel était noble.

Noble homme Nicolas Riou et Gillette Baron, sa femme, possèdent noblement la maison du Tertre.

Marguerite Bertran et Julien Blanchart son fils possèdent noblement la métairie de la Bégacière.

Noble homme Jean de Rougé, sieur de la Fallaize, possède noblement la maison des Portes.

Raoullette Bondon extraitte de noblesse.

Jean Rouxel, sieur des Vallées, possède la maison des Vallées, laquelle fût à Eon Rouxel et Raoullette de Fauteret sa femme, qui étaient nobles.

Vincent Hongatz, fils de Guillaume Hongatz qui était noble, tient noblement une métairie.

Noble homme Charles Grivel l'aisné et ses enfants possèdent noblement la maison de la Thieullaye qui fut à Thomas son père.

Sevestre Rongeul et Allenette Ferron, sa mère, possèdent la maison du Gué, qui fut à Jean Rongeul, père dudit Sevestre.

Olivier Vivien et Charlotte Flaud, sa femme, possèdent noblement la maison de la Ville-Davy.

Guillaume Grignart tient une maison qui fut à feu Jean Grignart, son père, lequel en son vivant usait de noblesse, et ledit Guillaume à présent use de bource commune et va à ses journées.

CARFANTEIN

Déclaration des maisons nobles de ladite paroisse :

Jean de la Fontaine, gentilhomme.

Olivier de la Moussaye, gentilhomme.

La maison du s' de Halouze (?) appartenant à Pierre Lenfant de mesme que les métairies nobles de Cardeguen et de la Noé.

Marguerite Montereul demoiselle, possède le manoir de Launay, ladite Marguerite veuve de Thomas du Pont, et avant femme de Guillaume Guybert, comme aussi la métairie de la Crochardière.

Arthur de Margat et Michelle Guybert, sa femme possèdent la métairie du Chesne.

Jean Le Bourdays avocat, tient la métairie de Bienluyvient.

Guillaume de Vauclerc tient la métairie de Lourme-Morvan.

Philippes Poirier tient la métairie de l'Épinay.

Jacques Huguet, à cause de Renée de Cobaz sa mère, tient la métairie de la Maison-Neuve.

Guillaume Blanchart, sieur de la Buharaye, tient la métairie de la Forest-Harauld.

Gilles du Cobaz, s' de la Chapelle-Cobaz, tient les métairies de la Haute-Brusleraye, de Chatteville et du Pont-Girouard.

Bertran de Poilly, à cause de Marie Chouffe sa femme, et Eustache Vauclerc possèdent la métairie de la Basse-Brusleraye.

Charlotte de Lanvallay, dame du Vaudoré, tient la métairie des Orgerils.

Gilles Lescain, s' de Chasteau d'Assy, tient la métairie du Rouvray.

La métairie du Clos autrefois appartenant à Allain Le Prevost et depuis à Briand de Pleumagat, sieur de Treveleuc, et laquelle fut acquise par feu Maistre Thomas James évesque de Dol, de laquelle il fonda son obit.

Allain Chazault et Guillemette Poirier possèdent la métairie du Tertre-Martin, qui fut à Gillette Hirel et depuis à Olivier Landays.

Amonnette Blanchart, comme garde de Gilles Pailleuc son fils, tient la métairie de Pont-Girouard, qui fut à M° Charles Pailleuc, avocat, et depuis à Jehan Pailleuc son fils.

Jehan Eon, sieur de la Rouauldaye et Amaurye de Han sa femme, possèdent la métairie de Pont-Girouard.

PLESDER.

Déclaration des maisons nobles de laditte paroisse :

La métairie de la Chesnaye appartenant au s' et dame de Beaufort.

Noble homme Guillaume Blanchart tient la métairie de la Buharz.

Guillaume du Plessix, s' dudit lieu, possède la métairie de la Coulombière.

Jean Guyton possède la métairie nommée Pré-Morel.

Jean Ruffier, s' du Cobaz, possède la métairie nommée la Mordelière.

Bertrand de Quesriez (?) possède la maison du Haut-Beaulieu.

Noble homme Cadiou et Jeanne Rouxel sa femme possèdent la métairie Gandé qui fut en roture.

BAGNE-PICAN (Baguer-Pican).

Déclaration des maisons nobles de laditte paroisse :

Guillaume de Vigneuc tient la métairie de la Mercellière.

Jean de Poelly possède la métairie de Cortenval.

Etienne Boutier.

Macé Bedel l'aisné.

Macé Bedel fils Jehan.

Noble écuier Artur de Roumillé et demoiselle Guillemette du Port sa femme, possède la métairie du Breil-Epinne.

Damoiselle Jeanne de Coueshon, possède à douaire la métairie de la Ville-Jean, dépendantent dudit lieu de Breil-Epinne.

François de Bréhan écuier, par raison de demoiselle Jaqueminne de la Bouexière sa compagne, possède la métairie de Launay-Baudouin, avec celle de la Higourdaye et des Noës.

François du Han, écuier, possède la métairie de Launay-à-l'Abbé.

Etienn Boutin possède la métairie de Ruel.

Roland du Breil, écuier, sieur des Hommeaux possède le manoir de la Salle du Grand Argay, pour raison de l'acquest qu'en fist deffunct Charles du Breil écuier, père dudit Roland de Messire Roland Madeuc et Gilles Madeuc.

SAINCTS.

Déclaration de maisons nobles de laditte paroisse :
Noble écuier Gilles de Texüe possède les manoirs nobles de Senedavy et de la Gérardière.
Noble homme Robert Turpin.
Noble homme Jean Rolland.
Noble homme Guillaume Le Saige.
Noble homme Jean Rolland, au droit Robinne Colin sa mère.

LE LOU (Le Lou-du-Lac.)

Déclaration des maisons nobles de laditte paroisse :
Les métairies du Lou et de la Mafeardiere qui sont nobles, qui furent à feu Eon de Vieil sont à présent à Arthur de la Lande et à Jeanne de Viel sa femme, et pour la métairie de la Mafardaye, elle est à présant possédée par Artur de la Chèse et Michelle de Viel, sa femme, sœur de laditte Jeanne, dame du Lou.

Pierre Joubin et sa femme, fille d'Olivier de la Motte, sœur de la Cheverie, possèdent la métairie de la Vicuville qui fut à deffunct Raoullet Jocelin et Bertran Jocelin, et laquelle fut acquise par le susdit Olivier de la Motte qui la donna à sa fille en mariage.

La métairie de la Marre qui fut à Jehan de Launay et laquelle tient à présent Jehan de Launay héritier dudit Jehan, par représentation de Bertran de Launay son père.

La métairie de la Croix-du-Lou qu'à présent tient Guillaume Le Clerc et Christinne de Launay sa femme, lequel est gentilhomme, ladite Christinne fille de Jean de Launay.

Pierre Le Roux qui dit estre noble.

BAGUÉ-MORVAN (Baguer-Morvan).

Déclaration des maisons nobles de laditte paroisse :
Noble homme Pierre L'Estain (?) possède la maison noble de Chasteau-d'Assy.
Raoul de Québriac, sr de la Hirelaye, possède la maison de Bois-Hamon.
Messire Amaury de la Moussaye, possède les manoirs de Tourande, de Vaurouault, du Boysfayton et de la Guedinaye.
Maistre François James possède la métairie de la Villemain.

Maistre Geffroy de Bintin, s' de la Corbonnaye, possede la étairie du Tertre-Bintin.
Charlotte de Lanvallay, possede la métairie du Vaudoré.
Noble homme Guillaume Boutier, possede la métairie de aunay-Blot.
Maistre Guillaume Noguez possede la métairie de la Hellandaye.
Jehan du Han possede la métairie de la Goullonaye.
Olivier Genest possede la métairie de la Gillaye.

SAINCT-MELAINE DU BOAYS. *Néant.*

SAINCT-ANDRE DES EAUX

Déclaration des maisons nobles de ladite paroisse :
Messire Charles de Beaumanoir possède la terre du Besson.

Fin de la Réformation de l'Evesché de Dol pour l'année 1513.

Vannes. — Imp. Lafolys, 2, place des Lices.

www.ingramcontent.com/pod-product-compliance
Lightning Source LLC
LaVergne TN
LVHW022135080426
835511LV00007B/1137